Bella ciao

disegni di Paolo Cardoni

Bella ciao
disegni di Paolo Cardoni

Nel cd la canzone
Bella ciao
suonata dai Modena City Ramblers
Ala Bianca Publ./Suvini Zerboni Ed. Mus.
(p) 1994 Universal Music Italia srl

ISBN 88- 88716-16-5
Prima edizione aprile 2004

ristampa   anno
5   4   3   2   1   0   2004   2005   2006   2007

© Carlo Gallucci editore srl
Roma

galluccieditore.com

Stampato per conto dell'editore Gallucci
presso la tipografia Tibergraph di Città di Castello (Pg)
nel mese di aprile 2004

Tutti i diritti riservati. Senza il consenso scritto dell'editore nessuna parte di questo libro e del cd allegato può essere riprodotta o trasmessa in qualsiasi forma e da qualsiasi mezzo, elettronico o meccanico, né fotocopiata, registrata o trattata da sistemi di memorizzazione e recupero delle informazioni.

One morning

U na mattina...

Una mattina mi son svegliato

ONE MORNING I WOKE UP

You have to bury me up in the mountains, under the shade of a beautiful flower.

e seppellire lassù in montagna
sotto l'ombra
di un bel fior.

e le genti che passeranno

O bella ciao,
bella ciao,

AND THE PEOPLE THAT WILL GO BY
OH BYE MY DARLING, BYE MY DARLING,

mi diranno "che bel fior".

bella ciao
ciao ciao
WILL SAY TO ME "WHAT A BEAUTIFUL FLOWER"
OH BYE MY DARLING, BYE MY DARLING,

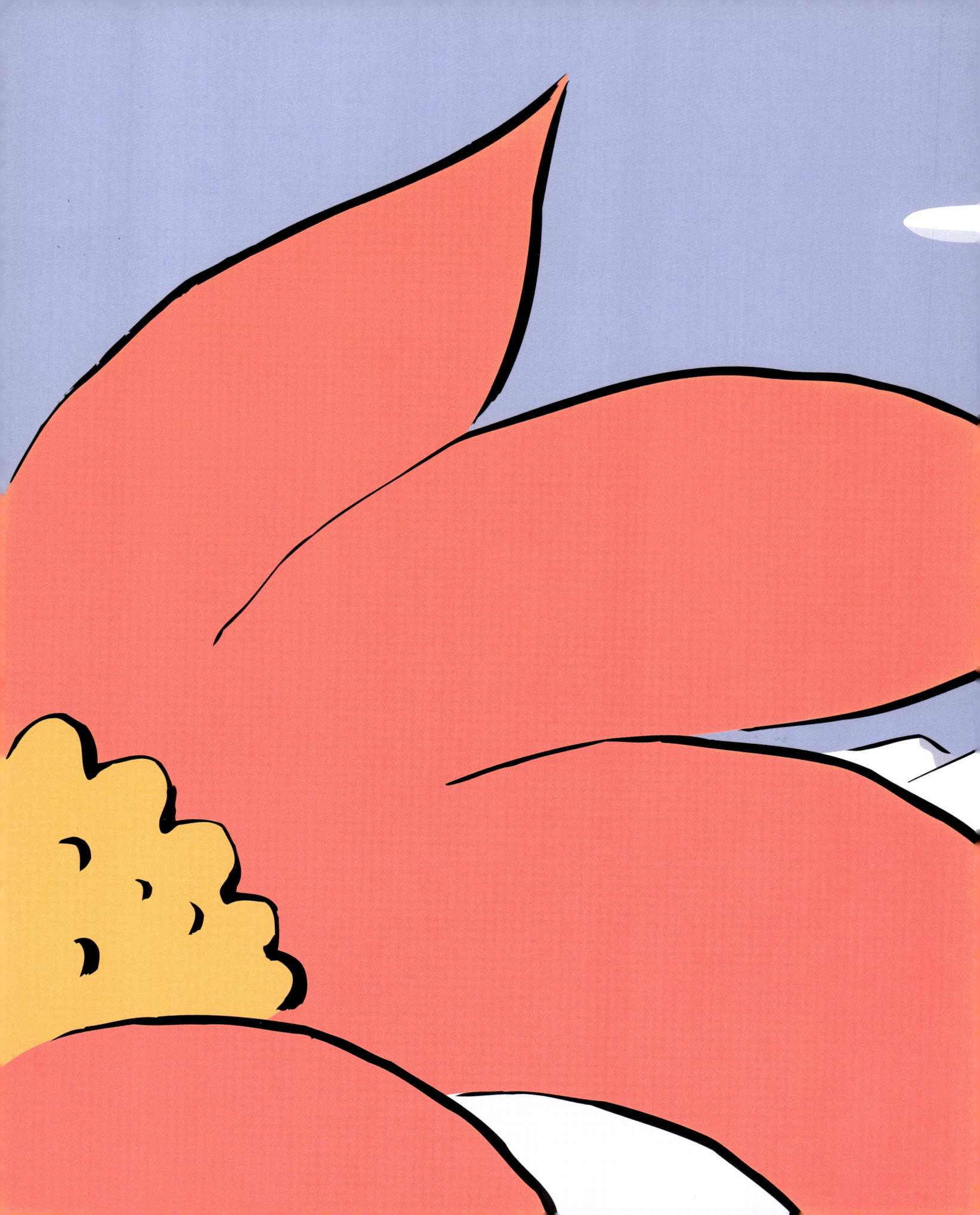

E questo è il fiore del partigiano

BECAUSE THIS IS THE PARTISANS FLOWER

O bella ciao,

OH BYE MY DARLING, BYE MY DARLING, MY DARLING BYE BYE BYE

bella ciao, bella ciao ciao ciao

O bella ciao,
bella ciao,
bella ciao

Oh bye my darling, bye my darling, my darling bye bye bye.

ciao ciao.

Bella ciao

    mi-
Una mattina mi son svegliato,

o bella ciao, bella ciao, bella ciao ciao ciao
    do   *sol*   *re*   *mi-*
Una mattina mi son svegliato e ho trovato l'invasor.

    mi-
O partigiano portami via,

o bella ciao, bella ciao, bella ciao ciao ciao
    do   *sol*   *re*   *mi-*
O partigiano portami via, che mi sento di morir.

    mi-
E se io muoio da partigiano,

o bella ciao, bella ciao, bella ciao ciao ciao
    do   *sol*   *re*   *mi-*
E se io muoio da partigiano, tu mi devi seppellir.

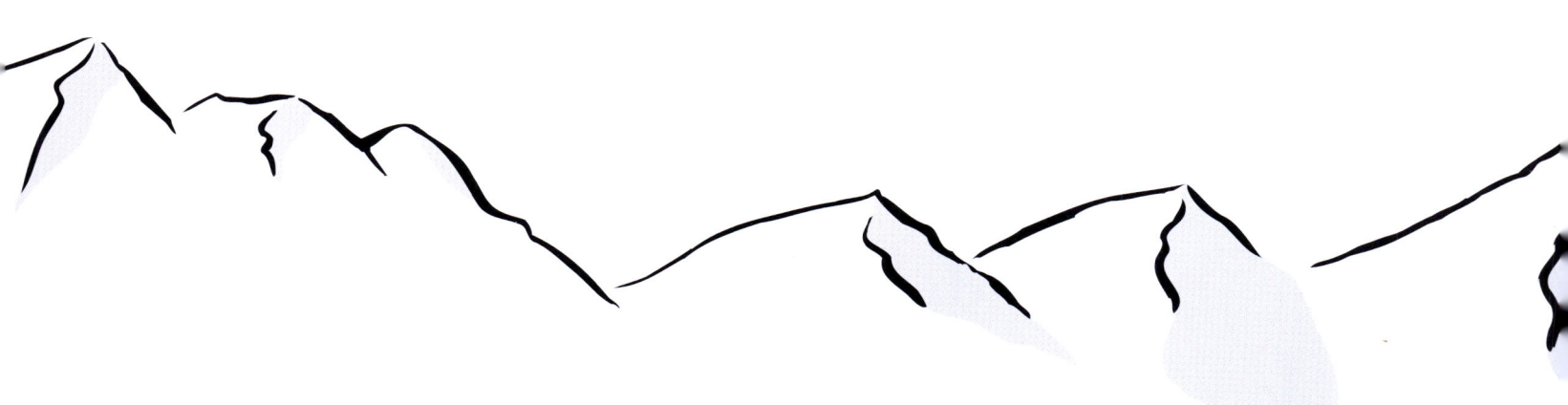

       mi-
E seppellire lassù in montagna

o bella ciao, bella ciao, bella ciao ciao ciao
    do   *sol*   *re*   *mi-*
E seppellire lassù in montagna sotto l'ombra di un bel fior.

     mi-
E le genti che passeranno

o bella ciao, bella ciao, bella ciao ciao ciao
   do   *sol*   *re*   *mi-*
E le genti che passeranno mi diranno "che bel fior".

    mi-
E questo è il fiore del partigiano

o bella ciao, bella ciao, bella ciao ciao ciao
  do   *sol*   *re*   *mi-*
E questo è il fiore del partigiano morto per la libertà.

Nella stessa collana:

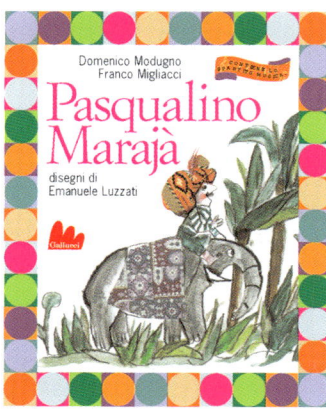

"Le figure di quel mago di Luzzati. Per scoprire la poesia sepolta in ciascuno di noi"

Mirella Appiotti
La Stampa

"La *Fiera*, un classico della tradizione ebraica"

Cristina Taglietti
Corriere della Sera

"*Pasqualino Marajà*, una favola che anticipa il concetto di globalizzazione… "

Luigi Mascheroni
Il Giornale

"Una fiaba grafica per bambini… La migliore provocazione dadaista dell'autore. Semplicemente irresistibile"

Oscar Cosulich
L'Espresso

"Dove si può gustare la migliore colazione dell'Universo? Nella Via Lattea, ovvio. Se questo è l'inizio dell'avventura, immaginatevi il resto"

Alessandro Zaccuri
Avvenire

"Grandi tavole 'futuriste'. Un titolo davvero interessante"

Fiorella Iannucci
Il Messaggero

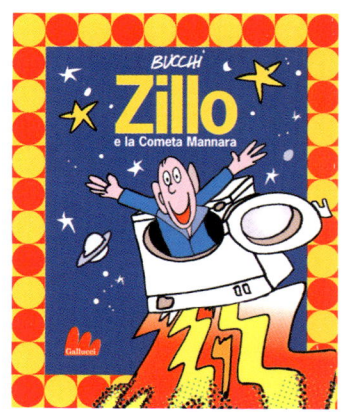

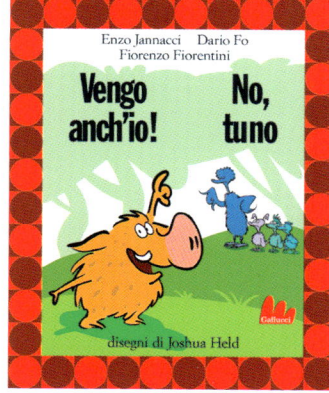

"Joshua possiede il grande dono di saper esprimere le emozioni con pochi tratti essenziali, sempre appropriati e ricchi di un fantastico umorismo"

Bruno Bozzetto

"La famosissima canzone di Jannacci e Dario Fo diventa uno strepitoso libro per bambini, una istruttiva parabola"

Panorama

"Geniale: ricavare un libro dalla canzone-manifesto di Jannacci e Fo, l'anarchico lamento dell'escluso. La satira malinconica si stempera nel lieto fine"

Francesca Fornario
TV Sorrisi e Canzoni

"Una favola di drammatica attualità. I bambini crederanno con i disegni di Echaurren che i soldati abbiano il naso da Pinocchio e fuggano davanti al grande cuore ammiccante dell'amore"

Fernanda Pivano
Corriere della Sera

"Una filastrocca contro la guerra corredata da bellissimi disegni. Un girotondo tragico eppure lieve. Una favola breve e densa, che mostra al meglio il senso del ritmo e del verso di Fabrizio De André: capace di una intuizione poetica ormai riconosciuta e indiscutibile"

Roberto Cotroneo
L'Espresso

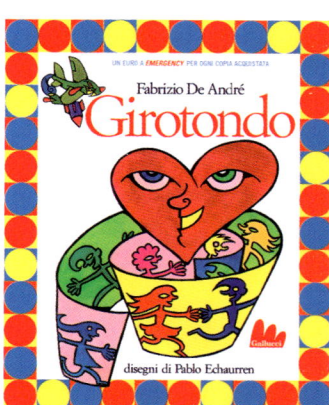

Libri + Cd

"Parlare della guerra, della globalizzazione, del senso della vita: senza annoiare i più piccoli, o vezzeggiarli, e persino colmando le distanze tra figli e genitori"

Loredana Lipperini
il Venerdì di Repubblica

"Un'occasione giusta per ricordare autori e canzoni che ben si adattano all'illustrazione per l'infanzia"

Dario Salvatori
Il Tempo

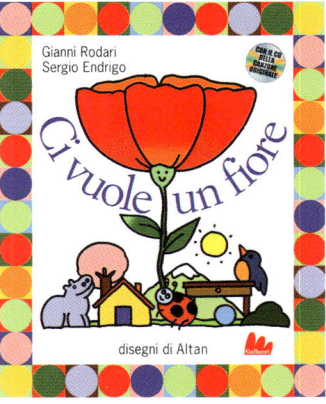 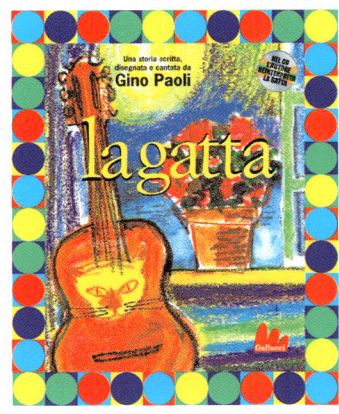

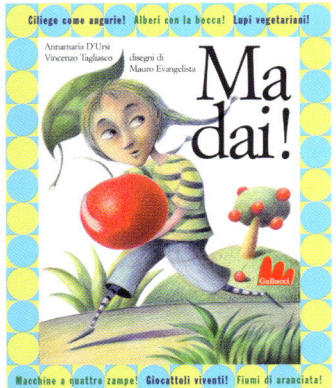

"Questo libro è di alta rilevanza per i piccoli lettori. La storia esprime, in modo divertente e istruttivo, il rapporto tra natura e scienza. Buon viaggio, ragazzi, in questo magico e stimolante treno"

Rita Levi Montalcini
Premio Nobel per la Medicina

"Una coppia di scienziati-autori immaginifica, uno straordinario illustratore, una proposta eccentrica: immaginare una storia in cui la realtà cambia. E far scoprire così ai bambini perché la natura è giusta così com'è. Abituandoli a ragionare sul perché le cose sono come sono"

Romeo Bassoli
l'Unità

Da una storia vera

"Due storie s'intrecciano: quella del vincitore Alberto Ascari e quella avventurosa di due ragazzini che «prendono in prestito» la Topolino del padre per partecipare alla gara. E la mitica Mille Miglia ora è storia per bambini"

Roberta Visco
il Venerdì di Repubblica

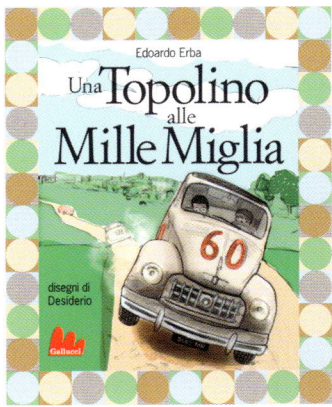

Novità

Un'operazione riuscita e brillante. Si esce dalla logica della celebrità dei vangeli, ed è una continua sorpresa e un continuo mistero. Qui, lontani dalla dottrina, si racconta tutto attraverso gli occhi di un uomo che scoprirà poco per volta di essere speciale e fondamentale. Le illustrazioni sono assai efficaci e contribuiscono col testo a rendere di nuovo gustosa una storia che in altri libri sapeva già di minestra riscaldata"

Matteo Corradini
Andersen